आत्मज्योति

अंतर्मन की रोशनी

संगीता हरमिलापी

BookLeaf Publishing
India | USA | UK

Made with ❤ on the BookLeaf Publishing Platform
www.bookleafpub.in
www.bookleafpub.com

Dedication

यह पुस्तक मैं अपने पूज्य गुरुदेव श्री श्री 1008 श्री मुनि हरमिलापी जी महाराज जी के चरणों में समर्पित करती हूँ, जिनकी कृपा, मार्गदर्शन और आशीर्वाद से यह आध्यात्मिक यात्रा संभव हो सकी। उनके दिव्य विचारों और शिक्षाओं ने मेरे हृदय में सत्य, प्रेम और भक्ति का दीप जलाया है।

साथ ही, मैं अपने परिवार को भी हृदय से धन्यवाद देती हूँ, जिन्होंने हर कदम पर मेरा साथ दिया, मुझे प्रेरित किया और मेरे लेखन के प्रति अपार धैर्य और प्रेम दिखाया। उनकी अटूट सहानुभूति और समर्थन के बिना यह पुस्तक संपूर्ण न हो पाती।

इस पुस्तक में यदि कोई त्रुटियाँ हों, तो वे मेरी अपनी सीमाएँ हैं और यदि इसमें कोई सार्थकता है तो वह गुरुदेव और मेरे प्रियजनों की कृपा का प्रतिफल है।

हे प्रभु ! यह प्रयास आपकी भक्ति और सेवा में समर्पित है।

Preface

प्रिय पाठकों,

आपके हाथों में जो पुस्तक "आत्मज्योति" है, वह केवल शब्दों का संग्रह नहीं, बल्कि आत्मा की गहराइयों में उतरने का एक प्रयास है। जीवन की भागदौड़, चिंताओं और द्वंद्वों के बीच, हम अक्सर अपने भीतर छिपे शाश्वत सत्य को भूल जाते हैं। यह पुस्तक उसी सत्य की खोज का एक विनम्र प्रयास है।

इस पुस्तक की प्रत्येक कविता आत्मा की यात्रा को प्रतिबिंबित करती है – कभी यह भक्ति का स्वर बनकर हृदय को स्पंदित करती है, तो कभी ध्यान की गहराइयों में डुबो देती है। कभी यह जीवन की सच्चाइयों को उजागर करती है तो कभी प्रेम के उच्चतम स्वरूप "प्रेम ही परमात्मा" का बोध कराती है। मेरा उद्देश्य केवल यही है कि ये कविताएँ आपके अंतर्मन को छू सकें और आपको आत्मिक शांति की ओर प्रेरित कर सकें।

यह पुस्तक मेरे पूज्य गुरुदेव श्री श्री 1008 श्री मुनि हरमिलापी जी महाराज जी के आशीर्वाद और प्रेरणा से संभव हो पाई है। उनके द्वारा दिखाए गए आध्यात्मिक मार्गदर्शन ने मुझे सत्य, प्रेम और भक्ति का वास्तविक अर्थ समझाया। मैं अपने परिवार की भी हृदय से आभारी हूँ, जिन्होंने मुझे इस यात्रा में निरंतर सहयोग और समर्थन दिया।

भक्ति और प्रेम केवल भावनाएँ नहीं, बल्कि आत्मा की सबसे सुंदर अभिव्यक्ति हैं। जब प्रेम निस्वार्थ हो जाता है और भक्ति समर्पण में

बदल जाती है, तब जीवन में एक अलौकिक आनंद का संचार होता है। यह पुस्तक उन्हीं भावों को शब्दों में पिरोने का एक विनम्र प्रयास है। यदि इस पुस्तक की कोई भी कविता आपके मन में शांति और आत्मचिंतन का भाव जागृत कर सके, तो मैं इसे अपना सौभाग्य समझूँगी।

आप सभी पाठकों के प्रति मेरी हार्दिक कृतज्ञता। आपकी प्रतिक्रियाएँ और अनुभव मेरी इस यात्रा को और अधिक सार्थक बनाएँगे।

सप्रेम,
संगीता हरमिलापी

Acknowledgements

इस पुस्तक "आत्मज्योति" के लेखन की यात्रा मेरे लिए एक आत्मिक अनुभव रही है। यह केवल शब्दों का संग्रह नहीं, बल्कि उन विचारों और भावनाओं की अभिव्यक्ति है, जिन्होंने मेरे हृदय को गहराई से स्पर्श किया। इस प्रयास में, अनेक दिव्य आत्माओं का आशीर्वाद और अपनों का स्नेह मेरी प्रेरणा का स्रोत बना।

सबसे पहले, मैं अपने पूज्य गुरुदेव श्री श्री 1008 श्री मुनि हरमिलापी जी महाराज जी के श्रीचरणों में सादर वंदन करती हूँ, जिनकी कृपा और आध्यात्मिक मार्गदर्शन ने मुझे सत्य, प्रेम और भक्ति का वास्तविक अर्थ समझाया। उनके उपदेशों ने मेरे अंतर्मन को प्रकाशमान किया और मुझे इस पुस्तक को लिखने की प्रेरणा दी।

मैं अपने परिवार, विशेष रूप से अपने पति और अपने बच्चों की हृदय से आभारी हूँ, जिनसे मुझे निरंतर प्रेरणा और शक्ति प्राप्त हुई। उनके प्रेम, सहयोग और विश्वास ने मेरी इस आध्यात्मिक यात्रा को और भी सार्थक बनाया। उनके बिना यह प्रयास संभव नहीं हो पाता।

इसके साथ ही, मैं अपने मित्रों, पाठकों और शुभचिंतकों का भी हृदय से धन्यवाद करती हूँ, जिनके प्रोत्साहन और सुझावों ने मेरी लेखनी को और अधिक परिपक्व बनाया।

इस पुस्तक को संकलित करने और प्रकाशित करने में जिनका भी सहयोग रहा, उन सभी का मैं हृदय से आभार व्यक्त करती हूँ। यदि इस कृति में कोई त्रुटि रह गई हो, तो वह मेरी अपनी सीमाएँ हैं और

यदि इसमें कोई सुंदरता है, तो वह उन सभी महान आत्माओं की प्रेरणा का परिणाम है, जिन्होंने मेरी आध्यात्मिक यात्रा को दिशा दी।

ईश्वर से प्रार्थना है कि यह पुस्तक पाठकों के जीवन में शांति, प्रेम और आत्मिक उत्थान का संचार करे।

1. प्रेम ही परमात्मा

प्रेम से ही सृष्टि बनी है, प्रेम से ही संसार,
प्रेम बिना सब शून्य सा, प्रेम ही आधार।

न कोई भाषा, न कोई शब्द, फिर भी सबसे गहरा,
जहाँ प्रेम का दीप जले, वहीं प्रभु का बसेरा।

मंदिर, मस्जिद, गिरजाघर, सब प्रेम से बने,
प्रेम ही सच्ची साधना, प्रेम ही ध्यान बने।

छल-कपट सब छोड़, मन में जब प्रेम जगाओ,
फिर न कोई दूर रहेगा, सबको गले लगाओ।

प्रेम सहेजता हर बंधन, प्रेम मिटाए द्वेष,
जिस हृदय में प्रेम भरा हो, वहीं सच्चा परिवेश।

जो प्रेम की राह चलेगा, उसे मिलेगा ज्ञान,
प्रेम में ही ईश्वर मिलते, प्रेम ही है भगवान।

2. आत्मज्ञान

जिसे खोज रहा तू धूल भरे इन रास्तों में,
वह छिपा है तेरे ही भीतर, तेरी ही सांसों में।

न मंदिर, न मस्जिद, न पर्वत, न गुफाओं में,
सत्य बसता है मौन की गहराइयों में।

अहम् मिटे तो दरवाज़ा खुले,
प्रकाश फैले, अंधेरा टले।

न यह शब्दों का जाल है, न तर्क की बात,
जो खुद को समझे, वही पाता प्रकाश।

जिस दिन खुद से मिल जाएगा,
संसार का हर भ्रम मिट जाएगा।

3. सच्ची भक्ति

भक्ति वह नहीं, जो दिखावे से होती है,
यह तो दिल की गहराई और सच्चाई से जुड़ी होती है।

जो ईश्वर में विश्वास रखे और सच्चे मन से उन्हें चाहे,
वही आत्मा में शांति का अनुभव करे और जीवन में सच्चा सुख पाए।

सच्ची भक्ति में न कोई दिखावा न कोई मान,
इसकी तो होती है केवल प्रेम और विश्वास से गहरी पहचान।

भक्ति वह रास्ता है, जो हमें ईश्वर तक पहुंचाता है,
यह हर कर्म, हर विचार को पवित्र बनाता है।

जब हम होते हैं भीतर से सच्चे, तब भक्ति सच्ची कहलाए,
शब्द नहीं, आत्मा के सुर में, ईश्वर से नाता जुड़ जाए

सच्ची भक्ति, न किसी मंदिर में बसी, न किसी पूजा में,
यह तो हर दिल में है, जो प्रेम और भक्ति से भरा है।

4. प्रेम और भक्ति

भक्ति वही, जो प्रेम से भीगे, न कोई डर, न कोई संकोच,
जहाँ हृदय में उमड़ता प्रेम , वहीं बसता है सच्चा लोक।

राम नाम में प्रेम समाया, मीरा ने निभाई प्रेम रीत,
राधा का प्रेम, जो शुद्ध हुआ तो कृष्ण बन गए उसके मीत।

न भक्ति में तेरा, न भक्ति में मेरा, बस प्रेम का है एक ही स्वर,
जहाँ समर्पण की ज्योत जले, वहीं होता है प्रभु का घर।

प्रेम बिना भक्ति अधूरी, न कोई रस, न कोई सार,
जो प्रेम में सब कुछ खो दे, वही पाता है सच्चा संसार।

प्रेम ही सच्ची साधना है, प्रेम ही है ध्यान,
जहाँ प्रेम की धारा बहे, वहीं खड़े भगवान।

5. हर में हरि

हर में हरि को देखो, हर से करो मिलाप,
मन से दूर हटाओ, घृणा-द्वेष के ताप।

सब उसी का रूप है, फिर क्यों बैर-भाव?
जब सब हैं अपने ही जैसे, फिर क्यों मन में भेदभाव?

मोह की उलझनों में, जीवन क्यों उलझाते हो?
सत्य की राह छोड़, मन भ्रम में क्यों भटकाते हो?

जहाँ प्रेम का दीप जले, वहीं ईश्वर का वास,
बस दृष्टि बदलो ज़रा, हो जाएगा विश्वास।

वह तो सदा ही पास था, तुम ही थे अनजान,
अब अहंकार छोड़कर, करो उसका ध्यान।

6. मौन का संदेश

मौन वह शक्ति है, जो शब्दों से अधिक बोलता है,
यह अंतरमन की गहराइयों में, हर भाव को खोलता है।

जब शब्द बिखर जाते हैं और अर्थ धुंधला सा लगता है,
तब मौन की गूंज भीतर से, हर संशय को हरता है।

मौन में छिपा है ध्यान का प्रकाश, शांति का मधुर संगीत,
जो इसे अपनाए, उसे मिले अंतर्मन की सच्ची प्रीत।

जब कोई प्रश्न अनकहा रह जाते और उत्तर नहीं मिलते,
तब मौन ही धीरे-धीरे, सभी रहस्य खोल देते।

यह वह धारा है, जो आत्मा को निर्मल कर जाती,
मौन की भाषा जो समझ ले, वह खुद को जान पाती।

7. अनहद नाद

जब सब स्वर मौन हो जाते हैं, भीतर एक संगीत बजता है,
शब्द नहीं, पर ध्वनि है ऐसी, जो हर भाव से सजीव लगता है।

यह अनहद नाद है, जो हर रूह में सदा गूंजता है,
जो इसे सुन ले, वह खुद को सच्चे प्रकाश में पाता है।

न इसका आदि, न कोई अंत, यह बस प्रवाहित होता रहे,
जिसने इसे पहचाना भीतर, वह खुद में खोता रहे।

यह नाद प्रेम का स्रोत है, जो हर अंश में बसा हुआ,
जिसने इसे सुन लिया, वह तो सबसे जुदा हुआ।

मंदिर में, मस्जिद में, कहीं दूर नहीं यह छुपा,
बस मन के मौन में उतरकर देखो, परम सत्य यही है रचा।

क्या तुमने कभी इस अनहद को सुना है?
क्या इसके पार कभी तुमने कुछ बुना है?

8. परमात्मा को क्यों खोजते हो?

जो पास है, उसे दूर क्यों समझते हो?
जो हृदय में बसा, उसे बाहर क्यों खोजते हो?

नदी में जल, फूल में सुगंध, सूरज में उजाला,
हर कण में है वह समाया, फिर भी जाने मन क्यों अकुलाया?

मंदिर-मस्जिद दौड़ते, पर्वतों में खोजते हो,
जो अंतर्मन में बसता, उसे बाहर ढूढतै हो।

नेत्र बंद कर देखो ज़रा, वह तो भीतर झाँकता है,
तेरे हर भाव, हर श्वास में, वह प्रेम सा झलकता है।

सत्य, करुणा, प्रेम में ही उसका वास है,
जहाँ न कोई भेद, न छल, वहीं प्रकाश है।

परमात्मा को पाने को कहीं भटकना नहीं,
बस स्वयं में झाँको, वह तुमसे अलग नहीं।

9. ध्यान की गहराई

ध्यान की गहराई में, जब मन मौन हो जाता है,
हर हलचल थमकर, शुद्ध प्रकाश खिल जाता है।

न कोई बंधन, न कोई चाह, बस शांति का संचार,
जहाँ स्वयं मिट जाता, वहीं जागता है सतत विचार।

सांसों की लय में छुपा है, एक अनहद सा संगीत,
जिसे सुनने भर से मन, हो जाता निर्मल और पुनीत।

यह कोई क्रिया नहीं, न कोई दिखावटी बात,
यह तो आत्मा की पुकार है, जो देती सत्य का साथ।

ध्यान से ही मिलती है, जीवन की सच्ची राह,
जहाँ न कोई दुःख बचता, न रहता कोई प्रवाह।

बस एक बार डूब जाओ, इस गहरी अनुभूति में,
परमात्मा स्वयं मिलेगा, हर एक स्पंदन में, हर एक भूति में।

10. मन की शुद्धि

मन की शुद्धि से ही सुख का द्वार खुलता है,
जहाँ प्रेम जगे, वहाँ अंधकार मिटता है।

गलत विचारों को धीरे से बहने दो,
हर सांस में प्रभु का नाम रहने दो।

निर्मल मन में खिलती है शांति की कलियाँ,
जहाँ प्रेम की रोशनी फैले, वहाँ खुशियों की गलियाँ।

जो मन से छल-कपट मिटा देता है,
वही सच्चा आनंद पा लेता है।

शुद्ध मन है प्रभु की राह का सेतु,
जहाँ हर दुःख बह जाता है, जैसे जल में रेत।

11. सत्य की खोज

सत्य की राह पर हम बढ़ते जाते,
हर मोड़ पर नए सवाल आते।

यह कोई मंज़िल नहीं, एक सफर है,
जो हर दिन हमें कुछ नया सिखाता है।

सत्य न कहीं दूर, न कहीं छिपा,
वह हमारे भीतर ही बसा है सदा।

जब मन का भ्रम हट जाता है,
सत्य का प्रकाश जगमगाता है।

सत्य वह रोशनी है, जो अंधेरा मिटाती,
जो इसे अपनाए, उसकी राह सजाती।

जो सत्य को पा ले, वह स्वयं को जान ले,
और जो स्वयं को जान ले, उसे फिर कुछ खोजने की आवश्यकता
नहीं रहती।

12. जिनके रब से रिश्ते गहरे होते हैं

जिनके रब से रिश्ते गहरे होते हैं,
उनके दिल सदा सुनहरे होते हैं।

न शिकवे, न कोई शिकायत होती,
हर हाल में बस इनायत होती।

धन हो या न हो, फ़र्क़ नहीं पड़ता,
उनका हर लम्हा रौशन सा लगता।

दुख भी आकर लौट ही जाते,
वे मुस्कुरा कर सब सह जाते।

नफ़रत के जवाब में प्यार ही देते,
हर हाल में सब्र का दीप जलाते।

जिन्हें खुदा की रहमत मिल जाती,
उनकी हर राह आसान हो जाती।

13. अहंकार का विसर्जन

अहंकार है काली छाया, जो मन पर पर्दा डालती,
सच्चाई से दूर ले जाकर, हमें खुद से ही छलाती।

"मैं सबसे ऊँचा हूँ" जब यह सोच जम जाती,
प्रेम की नदियाँ सूखतीं, नफरत की आँधियाँ आतीं।

जो खुद को सबसे बड़ा समझे, वह सत्य को नहीं पहचानता,
अपनी ही धुन में खोकर, जग का प्रेम गंवाता।

पर जब विनम्रता का दीप जले, अहंकार पिघल जाता,
सूरज की पहली किरण सा, मन निर्मल हो जाता।

जो झुककर आगे बढ़ता है, वही जीवन का सार पाता,
प्रेम लुटाए, सबको अपनाए, वही ईश्वर को जान पाता।

14. चौरासी का चक्कर

चौरासी तेरी कट जाएगी, जा सतगुरु के द्वार,
जो सच्चे मन से शरण में आए, उसका हो उद्धार।

मोह-माया के जाल को तोड़, गुरु का नाम बसा,
जिसने इस राह को अपनाया, उसने लिया सब कुछ पा।

जिसने गुरु को अपना माना, उसने पाया प्रकाश,
जीवन की हर कठिन डगर पर, मिला उसे विश्वास।

नाम जप ले, प्रेम बसा ले, छोड़ दे अभिमान,
गुरु की कृपा से कट जाएगी, जनम-मरण की थकान।

अब भी अवसर हाथ में है, कर ले सुमिरन प्यारा,
चौरासी तेरी कट जाएगी, जब गुरु पकड़े किनारा।

15. हृदय की पुकार

मेरी हृदय की पुकार को सुनना, नज़दीक होकर
इस प्रेम की गहराई को समझना, संगीत होकर।
जब भी तुम आहट देते हो, मन पुलकित हो जाता है,
तेरी मौजूदगी का एहसास, हवा में महक जाता है।
हर धड़कन में तेरा नाम बसा, जैसे कोई मधुर राग,
तू ही मेरा साज़, तू ही मेरा गीत, तू ही मेरा अनुराग।
तेरी यादों में बहती हूँ, बहारों की तरह,
हर मौसम में तेरा स्पर्श लगे, खुशबू की तरह।
कभी सूरज की किरणों में, कभी चाँदनी की ठंडक में,
तेरी ही रोशनी से जगमग हूँ, तेरे ही रंग में रंगी हूँ।
मेरे मन की हर उलझन, तेरा नाम सुनकर सुलझ जाए,
तेरा स्पर्श मिलते ही, आत्मा तृप्ति का गीत गाए।
हर अश्रु मोती बन जाए, हर पीड़ा अमृत हो जाए,
तेरे प्यार की छाया में, हर बंधन मुक्त हो जाए।
दूर न रहो अब और, आ जाओ पास,
इस जीवन की राहों में बन जाओ मेरी साँस।
मेरी इस पुकार को अनसुना न करना,
मुझे मेरी आत्मा के परम सत्य से मिला देना।

16. शिव ही सत्य

शिव ही सत्य हैं, अनंत और अटल,
हर कण में समाए, सृष्टि के मूलतत्व।

अव्यक्त, अजन्मा, निराकार जो,
फिर भी हर रूप में बसते वो।

शांति और शक्ति का अनुपम मेल,
जो सत्य के मार्ग को करे उजागर।

जो शिव को जाने, वह सत्य को पाए,
हर भ्रम से ऊपर, आत्मा तक जाए।

योगी, संन्यासी, करुणा के सागर,
जो भी पुकारे, उनका हो उद्धार।

शिव हर जगह हैं, प्रेम और सत्य में,
जो उन्हें पहचाने, वह रहे न भ्रम में।

17. क्रोध बड़ा दुखदाई

क्रोध पहले मन में ज्वाला जगाए,
फिर तन को भी आग लगाए।
जो इसके वश में आ जाता,
अपनों से भी दूर हो जाता।

शांति छीने और चैन मिटा दे,
हर सुख का अंत करा दे।
मीठे बोल भी कटु बन जाएँ,
स्नेह के रिश्ते बिखर ही जाएँ।

बुद्धि को यह भ्रमित कर देता,
पछतावे की आग में जलाता।
जो कह न सके, वह भी कह जाए,
फिर जीवन भर दुख ही पाए।

शांत हृदय में प्रेम ही खिलता,
क्रोध में बस अंधकार मिलता।
जो इसे जीते, वह सुख पाए,
हर मन में बस प्रेम जगाए।

18. सतगुरु की शरण में आ जा

सतगुरु की शरण में आ जा, छोड़ जगत का भार,
जो सच्चे मन से नमन करेगा, होगा बेड़ा पार।

मोह-माया के जाल को तोड़, गुरु का नाम बसा,
जिसने इस राह को अपनाया, उसने लिया सब कुछ पा।

जिसने गुरु को अपना माना, उसने पाया प्रकाश,
जीवन की हर कठिन डगर पर, मिला उसे विश्वास।

नाम जप ले, प्रेम बसा ले, छोड़ दे अभिमान,
गुरु की कृपा से कट जाएगी, जनम-मरण की थकान।

अब भी अवसर हाथ में है, कर ले सुमिरन प्यारा,
चौरासी तेरी कट जाएगी, जब गुरु पकड़े किनारा।

19. सहस्रार का प्रकाश

सहस्रार चक्र, दिव्य प्रकाश,
जहाँ चेतना का होता विकास।
हजारों किरणें फैलाए जो नूर,
ब्रह्म से जोड़े, करे भरपूर।

ज्ञान का सागर, शांति की राह,
इसी से मिटती हर एक चाह।
जब जागे इसमें ऊर्जा अपार,
खुल जाए ब्रह्मांड का हर द्वार।

यहाँ न कोई भ्रम, न कोई द्वेष,
सिर्फ प्रेम, करुणा और संदेश।
जहाँ अहंकार का अंत हो जाए,
मन का दर्पण निर्मल बन जाए।

ध्यान से जब यह खिल उठे,
जग के सारे भ्रम मिटे।
शुद्ध चेतना का जब हो संचार,
जीवन बन जाए दिव्य उपहार।

शिव से जुड़े, सत्य को पाएँ,
क्राउन चक्र को जागृत कर जाएँ।
अलौकिक आनंद की हो पहचान,
जहाँ आत्मा और परमात्मा समान।

20. मृत्यु – अंत या आरंभ?

मृत्यु... क्या यह सच में अंतिम पड़ाव है,
या किसी नए सफर की पहली सीढ़ी?
क्या यह एक बुझती हुई लौ है,
या नए सूरज की पहली किरण?
देह मिटती है, मगर आत्मा नहीं,
यह तो बस एक परिवर्तन है कहीं।
जो आज यहाँ था, वह कल वहाँ होगा,
हर अस्त के बाद, नया सवेरा होगा।
माटी से उठकर फिर माटी में मिल जाना,
या अनंत आकाश में मुक्त हो जाना।
यह जीवन की एक शाश्वत गति है,
जो थमे नहीं, यही इसकी प्रकृति है।
मृत्यु कोई अंत नहीं, यह एक नया द्वार है,
जहाँ अज्ञान छूटे, और आत्मा का विस्तार है।
जहाँ देह के बंधन खत्म हो जाएँ,
और चेतना के पंख खुलकर उड़ जाएँ।
तो मत डरो इससे, इसे अपनाओ,
जीवन को हर पल में जीकर दिखाओ।
क्योंकि मृत्यु बस एक क्षणिक विराम है,
उसके पार फिर एक नया आयाम है।

21. अंत नहीं, आरंभ है यह

यह अंत नहीं, यह तो एक नई राह है,
हर बीते पल के आगे एक सुबह है।

जहाँ खो गए सपने, वहीं नई आशा है,
जहाँ बुझ गए दीप, वहीं नई आभा है।

राहें रुकती नहीं, बस बदलती रहती हैं,
हर मुश्किल के पीछे, नई रोशनी बहती है।

जो बीत गया, उसे छोड़ दो पीछे,
जो आ रहा है, उसे अपनाना सीखे।

हर अंत में एक नया आरंभ छिपा है,
हर सूर्यास्त के बाद नया सूर्योदय खिला है।

तो क्यों डरें, क्यों रुकें,
जब हर अंत के बाद, नया जीवन खुले?

22. आध्यात्मिक प्रकाश

अंधेरे में जब राह न सूझे,
हर तरफ बस दर्द ही घूमें।
भटके मन जब शांति को चाहे,
कौन दिशा अब आगे दिखाए?
तभी कहीं अंतर में दीप जले,
सच्चाई के सुर जब भीतर पले।
न यह दीप तेल से जलता,
न यह हवा से हिलता-डुलता।
यह तो आत्मा का उजियारा,
जो मिटाए संशय का अंधियारा।
जहाँ प्रेम, करुणा की ज्योति हो,
वहीं सत्य की अमर रोशनी हो।
न मन्दिर, न मस्जिद, न कोई ग्रंथ,
यह प्रकाशित करे आत्मा का पंथ।
जहाँ भक्ति का दीपक जलता,
वहीं परमात्मा विराजित रहता।
जो भीतर की रोशनी को जाने,
वह सच्चे सुख के गीत पहचाने।
जो इस प्रकाश से जीवन सजाए,
वह खुद को भी और जग को भी जगाए।

23. अंतर्मन की रोशनी

क्या सच में अंधेरा बाहर है, या मेरे भीतर?
क्या सच में शांति कहीं और है, या मेरे ही मन के अंदर?

क्यों भागूं मैं दूर, जब हर राह मुझमें ही मिलती है?
क्यों खोजूं जवाब, जब हर सच्चाई मुझमें ही खिलती है?

क्या मेरा सुख किसी और के हाथ में है?
क्या मेरी शांति किसी और के साथ में है?

अगर सब कुछ मेरे भीतर है, तो मैं क्यों भटकू?
क्यों न मैं खुद में उतरूं, और उस रोशनी को पकड़ लूं?

जो भी ढूंढ रहा हूँ, वो मेरे ही अंदर है,
बस खुद से पूछ– क्या मैं खुद को जानता हूँ?